ROMA

WIEDERHOLUNGSHEFT

ZU DEN LEKTIONEN 11 – 20

AUSGABE A

2

C. C. Buchner

ROMA

Wiederholungsheft 2. Ausgabe A

Zu den Lektionen 11 – 20

Herausgegeben von Stefan Müller

Bearbeitet von Sissi Jürgensen

1. Auflage, 2. Druck 2022

Alle Drucke dieser Auflage sind, weil untereinander unverändert, nebeneinander benutzbar.

Dieses Werk folgt der reformierten Rechtschreibung und Zeichensetzung. Ausnahmen bilden Texte, bei denen künstlerische, philologische oder lizenzrechtliche Gründe einer Änderung entgegenstehen.

Redaktion: Katrin Brogl
Gestaltung: Petra Michel, Essen
Illustrationen: Jan Bintakies, Hannover
Umschlagmotiv: Tom Berry, London
Satz: Artbox Grafik und Satz GmbH, Bremen
Druck und Bindung: Brüder Glöckler GmbH, Wöllersdorf

www.ccbuchner.de

ISBN 978-3-661-40029-7

Liebe Schülerin, lieber Schüler,

vor dir liegt ein **Wiederholungsheft** für den Lernstoff der Lektionen 11 bis 20. In **drei Blöcken** werden die großen Grammatikthemen dieser Lektionen nochmals systematisch geübt. Die Blöcke sind in Stufen unterteilt, die **jeweils auf einer Doppelseite** verschiedene Übungen für dich bereithalten. Aber keine Sorge, der Zeitaufwand für eine Doppelseite ist gering. Wenn du täglich eine bearbeiten möchtest, hast du sehr schnell den ganzen Stoff wiederholt.

Und um dir das Ganze noch schmackhafter zu machen, haben wir noch ein paar Tipps:

- Du brauchst nicht grundsatzlich alle Übungen zu machen. Die Übungen sind so gestaltet, dass du entsprechend deinem individuellen Leistungsstand mit auf dich zugeschnittenen Aufgaben arbeiten kannst. Der **Einstufungstest** auf der ersten Doppelseite zeigt dir, zu welcher Gruppe du gehörst: die **Adler** sind diejenigen, die in Latein sehr fit sind und nur wenig wiederholen müssen. Die **Raben** müssen etwas mehr machen und die **Finken** sind die, die die meiste Übung benötigen. Welcher Vogel bist du? Der Einstufungstest zeigt es dir.

- Wenn du keine Zeit hast für den Test, kannst du dich auch nach deiner Lateinzeugnisnote richten: Note 1 ist ein Adler Note 2 oder 3 ist ein Rabe und Note 4 oder 5 ist ein Fink. Selbstverständlich ist auch jeder Adler und jeder Rabe zu jeder der Übungen eingeladen. Das ist dann sicher ein Klacks.
- Am Ende des Heftes erfährst du in einem **Abschlusstest**, ob du dich von einem Fink zu einem Raben oder sogar zu einem Adler gemausert hast.

Wenn du in den Ferien ein paar Übungen machst, fällt dir der Start ins nächste Schuljahr leichter. Aber dabei darf man nicht vergessen, dass du dich in den Ferien auch erholen sollst. Deswegen haben wir das Wiederholungsheft nicht zu dick gemacht. Du findest insgesamt zwölf Stufen, also zwölf Doppelseiten. Und so eine komplette Doppelseite zu einem Grammatikthema lässt sich in weniger als einer halben Stunde bearbeiten.

Die Lösungen zu den Aufgaben stehen im beiliegenden **Lösungsheft**. Aber nicht schummeln! Vielleicht willst du dieses Lösungsheftchen auch deinen Eltern geben, damit du eine zuverlässige Kontrolle hast. Dieser Tipp hat noch einen weiteren Hintergrund: für jede bearbeitete Übung kannst du **Bonuspunkte sammeln**. Schließe doch mit deinen Eltern einen Vertrag und kassiere Prämien für eine bestimmte Anzahl an Bonuspunkten. Darum kann es sich durchaus lohnen, möglichst viele Übungen zu machen.

Auf der letzten Seite findest du einen Fahrplan zu den Blöcken und Stufen mit ihren Grammatikthemen und zu den erreichbaren Bonuspunkten.

Dann wünschen wir dir jetzt viel Spaß mit dem Wiederholungsheft und noch schöne Ferien!

Bist du ein Adler, ein Rabe oder ein Fink?

Hier kannst du testen, wie fit du in Latein bist. Je nachdem, wie gut du abschneidest, bist du ein Adler, ein Rabe oder ein Fink. Und entsprechend deiner Gestalt erwarten dich verschiedene Aufgaben in diesem Heft.

Bearbeite die Aufgaben und vergleiche deine Antworten mit den Lösungen im Lösungsheft. Dort siehst du auch, wie viele Punkte du für jede richtige Antwort erhältst. Zähle die Punkte, die du für deine richtigen Antworten erhalten hast, zusammen und ermittle danach mit der Bewertungstabelle am Ende des Einstufungstests, ob du ein Adler, ein Rabe oder ein Fink bist.

6 BE **1. Gib möglichst alle deutschen Bedeutungen an.**

Die Zahl in Klammern zeigt dir, wie viele Bedeutungen du gelernt hast.

a) adducere (3) ____________ **d)** repente (2) ____________

b) fere (3) ____________ **e)** condere (3) ____________

c) supplicium (3) ____________ **f)** ingens (3) ____________

6 BE **2. Bilde …**

a) Gen. Sg. von sidus ____________ **d)** Dat. Pl. von voluptas ____________

b) Gen. Sg. von spes ____________ **e)** Nom. Pl. von regnum ____________

c) Dat. Sg. von gemitus ____________ **f)** Akk. Sg. von mens ____________

3 BE **3. Bilde das Adjektiv bzw. das Pronomen passend zum Substantiv.**

a) deorum ____________ (immortalis)

b) magnitudinis ____________ (idoneus)

c) ____________ (hic) oris

4 BE **4. Gib die Stammformen folgender Verben an.**

a) cupere ____________ ____________ ____________

b) tangere ____________ ____________ ____________

c) suscipere ____________ ____________ ____________

d) auferre ____________ ____________ ____________

3 BE **5. Ordne gleiche Tempora einander zu.**

1 volvisti	**2** amitteres	**3** optatis	**4** tulissemus
a ibam	**b** tradidisset	**c** fers	**d** exstinctus est

4 BE **6. Bestimme Person, Numerus, Tempus, Modus und Genus verbi.**

a) ferremini ____________________ **c)** cedes ____________________

b) statuti sunt ____________________ **d)** metuunt ____________________

10 BE **7. Übersetze.**

a) Urbe Gordio[1] capta Alexander illum currum perspexit, cuius vincula nemo solvere poterat.

____

____

b) Cives Alexandro multa de oraculo[2] cognoscere volenti haec verba recitaverunt:

____

____

c) Is, qui haec vincula solvet, universae Asiae imperabit; quare Alexander adeo cupidus erat potestatis, ut non diu dubitaret.

____

____

____

SUMME:

_______ BE

Auswertung

Punkte	28 - 36	19 - 27	0 - 18
Bewertung	**Adler** – schnell wie der Wind	**Rabe** – wenig elegant	**Fink** – recht mickrig

Auf den folgenden Seiten wird dir das Vogelsymbol am Rand einer jeden Übung zeigen, welche Aufgabe für dich bestimmt ist. Jetzt geht´s richtig los! Viel Spaß!

1 Gordium, ī Gordion (Stadt in Phrygien)

2 ōrāculum, ī Orakel Orakelspruch

Bonuspunkte

1. Vokabeln sind das A und O

In der Liste unten geht es um Substantive der u-, e- und der 3. Deklination. Gib die Übersetzung an. Die Zahl in Klammern verrät dir, wie viele deutsche Bedeutungen du gelernt hast.

a) metus (2) ______
b) mare (1) ______
c) pes (1) ______
d) acies (3) ______
e) murus (1) ______
f) laus (2) ______
g) gemitus (3) ______
h) manus (2) ______
i) pectus (2) ______
j) spes (2) ______
k) tempus (3) ______
l) opus (3) ______
m) usus (3) ______
n) facinus (2) ______
o) virtus (4) ______
p) sumptus (2) ______
q) casus (2) ______
r) munus (2) ______
s) exercitus (1) ______
t) species (3) ______
u) genus (3) ______
v) ius (1) ______
w) fides (4) ______
x) ventus (1) ______
y) salus (4) ______
z) crimen (2) ______

2. Gesucht und gefunden

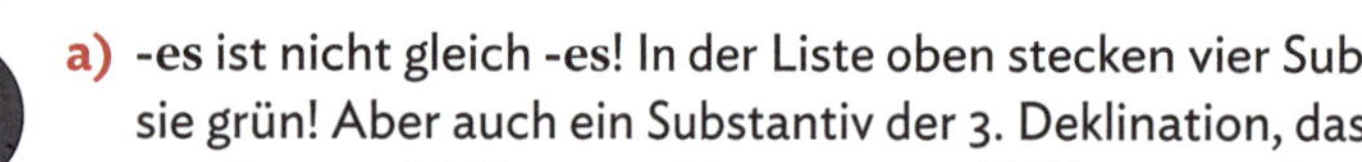

a) -es ist nicht gleich -es! In der Liste oben stecken vier Substantive der e-Deklination. Unterstreiche sie grün! Aber auch ein Substantiv der 3. Deklination, das ebenfalls auf -es endet, hat sich darunter geschmuggelt! Unterstreiche es rot und bilde seinen Genitiv!

b) Alles eine Frage der Endung? Unterscheide die Substantive, die auf **-us** enden.

o-Deklination ______

u-Deklination ______

3. Deklination *(m, f)* ______

Bilde hier ihren Genitiv: ______

3. Deklination *(n)* ______

Bilde hier ihren Plural: ______

c) Ordne die folgenden Wörter der richtigen Schale zu! Bilde jeweils den Genitiv!
sidus ▪ numerus ▪ litus ▪ senatus ▪ magistratus ▪ scelus

d) Markiere alle Wörter der e-Deklination gelb und alle Pluralwörter der 3. Deklination blau! Welche Wörter bleiben übrig? Kennst du auch die Bedeutungen aller Wörter?
opes ▪ res ▪ aedes ▪ vires ▪ obses ▪ caedes ▪ dies

3. Der Staat in allen Formen

Dekliniere **res publica** im Singular und Plural und übersetze die Formen.

	Singular	Plural
Nominativ	res publica der Staat	
Genitiv		
Dativ		
Akkusativ		
Ablativ		

4. Wie du mir, so ich dir

Bestimme Kasus und Numerus. Bilde dann die entsprechende Form für das Wort in Klammer.
Achtung: Manchmal gibt es mehrere Möglichkeiten!

1. statuae ______ (hostis) ______
2. usui ______ (aqua) ______
3. virgines ______ (bellum) ______
4. senatibus ______ (senator) ______
5. imperatori ______ (res) ______
6. dierum ______ (casus) ______

5. Wer hat hier vor wem Angst?

Kreuze an, ob ein Genitivus subiectus oder ein Genitivus obiectivus vorliegt und übersetze diesen.
Manchmal kann man den Ausdruck auch auf beide Arten wiedergeben.

1. metus mortis — ☐ Gen. subi. ☐ Gen. obi. ______
2. cura sororis — ☐ Gen. subi. ☐ Gen. obi. ______
3. amor patriae — ☐ Gen. subi. ☐ Gen. obi. ______
4. praesidium periculorum — ☐ Gen. subi. ☐ Gen. obi. ______
5. timor victoris — ☐ Gen. subi. ☐ Gen. obi. ______
6. spes salutis — ☐ Gen. subi. ☐ Gen. obi. ______

Summe Bonuspunkte

1. Wie-derliche Vokabeln

Heute sind Adjektive an der Reihe. Vielleicht sind sie gar nicht so widerlich, wenn man sich erst einmal damit befasst hat. Gib ihre deutsche Bedeutung an. Die Zahl in Klammern verrät dir, wie viele deutsche Bedeutungen du gelernt hast.

a) talis (3) ______________________

b) cupidus (2) ______________________

c) pius (3) ______________________

d) maximus (2) ______________________

e) improbus (3) ______________________

f) tuus (1) ______________________

g) ullus (1) ______________________

h) pessimus (2) ______________________

i) acer (3) ______________________

j) dignus (2) ______________________

k) similis (1) ______________________

l) ingens (3) ______________________

m) suus (1) ______________________

n) certus (1) ______________________

o) par (2) ______________________

p) plurimi (2) ______________________

q) fortis (2) ______________________

r) dulcis (2) ______________________

s) saevus (3) ______________________

t) amplus (3) ______________________

u) complures (1) ______________________

v) tutus (1) ______________________

w) idoneus (2) ______________________

x) adulescens (2) ______________________

y) vester (1) ______________________

z) communis (2) ______________________

2. Gesucht und gefunden

a) In der Liste oben haben sich zwei Adjektive versteckt, die nur im Plural vorkommen. Unterstreiche sie grün.

b) Unterstreiche oben alle Possessivpronomina blau.

c) Unterstreiche die Adjektive in der obigen Liste rot, die ein Superlativ sind.

d) Für eines der Adjektive oben hast du die Bedeutung eines Substantives gelernt. Unterstreiche es gelb.

e) **Ullus** gehört zur a-/o-Deklination. Im Genitiv und Dativ weichen die Formen allerdings ab. Wie lauten sie?

f) Ordne folgende Adjektive der richtigen Schale zu. Kennst du auch ihre Bedeutungen?
celer ▪ summus ▪ potens ▪ tristis ▪ vehemens ▪ sacer ▪ nobilis ▪ futurus.

g) Finde die Gegensatzpaare und verbinde sie.

iuvenis   difficilis   honestus   inanis   vivus   verus   longus   durus

turpis   gravis   mollis   falsus   vetus   brevis   facilis   mortuus

3. Passgenau

Adjektiv und Substantiv gehören hier zu unterschiedlichen Deklinationen. Dekliniere im Singular und Plural, aber pass auf, dass du dich nicht vergaloppierst.

	Singular	Plural	Singular	Plural
Nominativ	lux clara		nuntius tristis	
Genitiv				
Dativ				
Akkusativ				
Ablativ				

4. Wechselstube

Bilde Kasus und Numerus wie vorgegeben und übersetze die neu entstandene Form in der letzten Spalte.

a) uxor beata	Akkusativ Singular	→	
b) exemplum superius	Nominativ Plural	→	
c) primus consul	Dativ Singular	→	
d) miles fortis	Genitiv Plural	→	
e) proelium acre	Ablativ Singular	→	
f) invidia turpis	Genitiv Singular	→	
g) civis alienus	Akkusativ Plural	→	
h) pars reliqua	Dativ Plural	→	
i) tribunus nobilis	Dativ Singular	→	
j) navis magna	Akkusativ Plural	→	

5. Kasus mit Wirkung

Bilde aus den Ausdrücken in Klammern jeweils Genitiv und Ablativ der Beschaffenheit.
Übersetze den Ausdruck.

a) mulier (magnum ingenium) Gen.qual. ______________ Abl.qual. ______________

Übersetzung: ______________

b) imperator (genus regium) Gen.qual. ______________ Abl.qual. ______________

Übersetzung: ______________

c) hostes (summa virtus) Gen.qual. ______________ Abl.qual. ______________

Übersetzung: ______________

d) murus (ingens magnitudo) Gen.qual. ______________ Abl.qual. ______________

Übersetzung: ______________

Summe Bonuspunkte

1. Ohne Wörter keine Sprache

Weiter geht es mit Substantiven und Adjektiven. Gib ihre deutsche Bedeutung an. Die Zahl in Klammern verrät dir, wie viele deutsche Bedeutungen du gelernt hast.

a) potestas (3) ____________
b) eodem loco (2) ____________
c) aedis (1) ____________
d) maiores (2) ____________
e) mos (2) ____________
f) ille, illa, illud (4) ____________
g) finis (4) ____________
h) sui (2) ____________
i) eo (2) ____________
j) vis (3) ____________
k) quo? (1) ____________
l) iste, ista, istud (1) ____________
m) auxilia (1) ____________
n) quando? (1) ____________
o) idem, eadem, idem (2) ____________
p) duo, duae, duo (1) ____________
q) istic (2) ____________
r) ea, quae (1) ____________
s) posteri (1) ____________
t) castra (1) ____________
u) interea (2) ____________
v) mens (4) ____________
w) adeo (1) ____________
x) hic, haec, hoc (2) ____________
y) illic (1) ____________
z) ratio (4) ____________

2. Gesucht und gefunden

a) Oben in der Liste sind vier Pronomina enthalten. Finde sie und unterstreiche sie grün.

b) Außerdem befinden sich in der Liste sechs Adverbien, die sich von einem Pronomen ableiten. Unterstreiche sie blau.

c) Unterstreiche alle sieben Pluralwörter bzw. Pluralausdrücke in der obigen Liste rot.

d) Vier der Wörter in der Liste haben im Plural eine andere Bedeutung. Finde sie, bilde den Plural und gib die deutsche Bedeutung an.

____________ ____________

____________ ____________

e) Hier fügt es sich zusammen. Verben in Kombination mit einem Objekt können im Deutschen schöner mit festen Wendungen wiedergegeben werden. Verbinde die lateinischen und deutschen Ausdrücke.

fidem servare	ein Lager aufschlagen
in vincula conicere	sein Wort geben, Glauben schenken
fidem dare	sein Wort halten
castra ponere	ein Ende setzen / machen
finem facere	ins Gefängnis werfen, fesseln

3. Formen-Hopping

Bestimme Kasus, Numerus und Genus des Pronomens und bilde die entsprechende Form in der Klammer. Achtung: Manchmal gibt es mehrere Möglichkeiten.

a) his ______ → (iste) ______

b) illius ______ → (idem) ______

c) isti ______ → (ille) ______

d) eadem ______ → (hic) ______

4. Kasus-Rekord

Bilde aus Pronomen und Substantiv Kasus und Numerus wie angegeben. Welche Formen fehlen noch? Bilde diese in der Zeile darunter.

a) hic dux → Plural: ______ → Dativ: ______ → Singular: ______
→ Genitiv: ______ → Plural: ______ → Akkusativ: ______

______

b) illa navis → Akkusativ: ______ → Plural: ______ → Ablativ: ______
→ Singular: ______ → Dativ: ______ → Plural: ______

______

c) hoc flumen → Plural: ______ → Genitiv: ______ → Singular: ______
→ Ablativ: ______ → Plural: ______ → Nominativ: ______

5. 510 – die Könige müssen gehen – auf Nimmerwiedersehen!

Im Jahr 510 endete die Herrschaft des letzten Etruskischen Königs Tarquinius Superbus. Niemals mehr sollte es einen König geben!

1. Natus regis Tarquinii Superbi mulieri vim fecit. **2.** Nomen eius Lucretia erat et uxor erat Collatini nobilis. **3.** Lucretia tristis vitae suae finem fecit. **4.** Sui et ceteri cives istud facinus turpe non probabant et eo istum regem improbum et natum eius – auctorem facinoris – e finibus mittere voluerunt. **5.** Acri pugna populus Romanus hostes patriae petivit et illos vicit. **6.** Post hoc pessimum tempus cives postulabant duo optimos viros potentiam habere neque tyrannum[1] populum Romanum opprimere.

a) Unterstreiche alle Prädikate doppelt und gib den Infinitiv an.
b) Kreise alle Nominative ein.
c) Unterstreiche alle Genitive rot.
d) Unterstreiche alle Akkusative blau.

1 tyrannus erschließe die Bedeutung selbst!

Summe Bonuspunkte

1. Verb für Verb

Verben sind das Herzstück eines jeden Satzes. Ab dieser Stufe werden sie vertieft wiederholt. Gib die deutsche Bedeutung an. Die Zahl in Klammern verrät dir, wie viele deutsche Bedeutungen du gelernt hast.

a) obtinere (2) ______________________

b) collocare (2) ______________________

c) gerere (3) ______________________

d) praecipere (3) ______________________

e) confirmare (4) ______________________

f) suscipere (2) ______________________

g) conficere (4) ______________________

h) adducere (3) ______________________

i) ornare (2) ______________________

j) munire (3) ______________________

k) conicere (3) ______________________

l) aestimare (3) ______________________

m) metuere (2) ______________________

n) ponere (3) ______________________

o) iudicare (2) ______________________

p) neglegere (2) ______________________

q) constat (2) ______________________

r) pervenire (1) ______________________

s) intellegere (4) ______________________

t) perspicere (3) ______________________

u) existimare (2) ______________________

v) augere (2) ______________________

w) agere (3) ______________________

x) opprimere (3) ______________________

y) comparare (1) ______________________

z) placet (2) ______________________

2. Gesucht und gefunden

a) Unterstreiche in der Liste oben alle Verben der a-Konjugation rot, die der e-Konjugation grün, die der i-Konjugation blau, die der 3. Konjugation ohne i-Erweiterung gelb und die mit i-Erweiterung schwarz.

b) Finde in der obigen Liste ein Kompositum zu folgenden Verben.
facere ▪ ducere ▪ tenere ▪ premere ▪ venire ▪ capere

c) Gib die fehlenden Formen der Stammformenreihe und die deutsche Bedeutung an.

1. cogere				
2.		duxi		
3.			factum	
4.	committo			
5. terrere				erschrecken
6.		accepi		

d) Finde in der Liste oben das lateinische Grundwort zu folgenden deutschen Begriffen.
Auktion ▪ Konfirmation ▪ Placebo ▪ Akt ▪ Munition

e) Finde selbst zu drei Wörtern aus der Liste deutsche oder auch englische Begriffe.

3. Hin- und herwenden

Der Genitiv der Zugehörigkeit und der Dativ des Zwecks werden im Deutschen oft in festen Wendungen wiedergegeben. Vervollständige die lateinischen Wörter und verbinde sie mit der passenden Übersetzung! Unterstreiche in den lateinischen Wendungen alle Genitive grün und alle Dative rot.

a) magn__ us__i esse	zum Geschenk machen
b) consul__s est	Ehre einbringen
c) honor__ esse	von großem Nutzen sein
d) d__n__ dare	es ist Aufgabe / Pflicht eines Konsuls
e) auxil__o ven__re	es ist charakteristisch für den Menschen
f) homini__ est	zu Hilfe kommen

4. Futuristische Formen

Fülle die Körbe, indem du die Verben der richtigen Futur-Bildung zuordnest.

defendere ▪ servare ▪ trahere ▪ complere ▪ recipere ▪ poscere ▪ munire ▪ praebere ▪ iudicare

Zu welcher Konjugation gehören die Verben in den verschiedenen Schalen jeweils?

5. Zukunftsweisend

Setze die fehlenden Buchstaben ein und übersetze folgende Futurformen.

a) negleg__s	
b) conficien__	
c) comparab__nt	
d) muni__m	
e) confirmab__tis	
f) pon__mus	
g) augeb__	
h) adducen__	
i) ornab__t	
j) suscipi__mus	

Summe Bonuspunkte

1. Verben, Verben, Verben ...

Es geht nichts über Verben. Mal sehen, wie gut du dich auskennst ... Die Zahl in Klammern verrät dir, wie viele deutsche Bedeutungen du gelernt hast.

a) fingere (2) ____________________
b) memorare (2) ____________________
c) condere (3) ____________________
d) deficere (3) ____________________
e) visere (2) ____________________
f) imponere (2) ____________________
g) regere (3) ____________________
h) amittere (1) ____________________
i) solvere (3) ____________________
j) defendere (2) ____________________
k) commovere (2) ____________________
l) noscere (2) ____________________
m) consulere (2) ____________________
n) nuntiare (1) ____________________
o) vertere (2) ____________________
p) oportet (2) ____________________
q) prodere (2) ____________________
r) volvere (3) ____________________
s) tradere (2) ____________________
t) statuere (3) ____________________
u) proponere (3) ____________________
v) reddere (3) ____________________
w) optare (1) ____________________
x) sumere (1) ____________________
y) poscere (2) ____________________
z) inquam (1) ____________________

2. Gesucht und gefunden

a) Notiere aus der Liste oben alle Verben, die auf -ere enden, und bilde die 1. Person Singular.

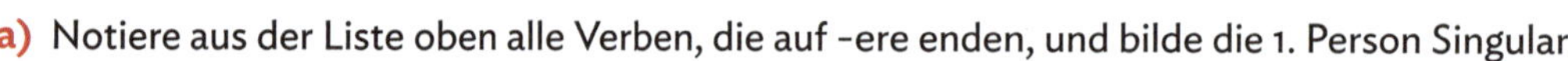

b) Gib die fehlenden Formen der Stammformenreihe und die deutsche Bedeutung an.

1. amittere				
2.		inveni		
3.			victum	
4.	mitto			
5. capere				
6.		finxi		

c) Finde in der Liste oben das lateinische Grundwort zu folgenden deutschen Begriffen.
Visite ▪ defekt ▪ Option ▪ Version ▪ defensiv

d) Finde in der Liste oben das passende Verb derselben Wortfamilie zu folgenden lateinischen Vokabeln. Gib auch ihre deutschen Bedeutungen an.
memoria ▪ rex ▪ nuntius ▪ statua ▪ consilium

3. Verbsäulen

Fülle die Tabelle, indem du die Verben im Passiv konjugierst.

		rogare		**sentire**		**ducere**	
		Präsens	Imperfekt	Präsens	Imperfekt	Präsens	Imperfekt
Singular	**1.**	rogor					
	2.				sentiebaris		
	3.					ducitur	
Plural	**1.**		rogabamur				
	2.						ducebamini
	3.			sentiuntur			

4. Puzzelei

Verbinde das Puzzleteil mit der Formbestimmung mit dem passenden Verb und übersetze dann die Form in der Zeile darunter.

5. Hürdenlauf

Bilde die entsprechende Form aus dem angegebenen Verb und übersetze diese. Pass auf, dass du nicht stolperst!

a) ducor — ornare

b) audiebamur — monere

c) laudamini — agere

d) monentur — munire

e) ornabantur — tradere

Summe Bonuspunkte

1. „Schwerpunkt Verben“

Verben stellen als Prädikate im Satz die wichtigste Aussage dar. Finde auch heute wieder die deutsche Entsprechung folgender Wörter. Die Zahl in Klammern verrät dir, wie viele deutsche Bedeutungen du gelernt hast.

a) perterrere (2) ______
b) honor (2) ______
c) tegere (3) ______
d) aetas (3) ______
e) cernere (2) ______
f) tendere (2) ______
g) cedere (3) ______
h) lacrima (1) ______
i) dimittere (3) ______
j) unda (1) ______
k) complere (2) ______
l) dedere (2) ______
m) sol (1) ______
n) conspicere (1) ______
o) occupare (2) ______
p) rumpere (2) ______
q) aspicere (2) ______
r) occidere (3) ______
s) novisse (2) ______
t) regio (3) ______
u) recipere (3) ______
v) appetere (3) ______
w) consulere in (1) ______
x) comperire (1) ______
y) edere (2) ______
z) telum (2) ______

2. Gesucht und gefunden

a) Unter die Verben haben sich auch ein paar Substantive geschlichen. Notiere diese und bilde den Genitiv.

______

b) Eines der Verben ist im Perfektstamm angegeben. Finde es, notiere den Infinitiv Präsens und vergleiche seine Bedeutung mit der des Perfektstamms.

______

c) Gib die fehlenden Formen der Stammformenreihe und die deutsche Bedeutung an.

1. cupere				
2.		movi		
3.			petitum	
4.	tango			
5. adducere				
6.		prohibui		

d) Gib zu folgenden italienischen Wörtern das lateinische Ursprungswort an. Die Liste oben kann dir helfen.

rompere ______ onore ______ sole ______

onda ______ recipiente ______ appetire ______

ROMA

WIEDERHOLUNGSHEFT LÖSUNGEN

AUSGABE A

2

C. C. Buchner

EINSTUFUNGSTEST - SEITE 4/5

1. (1 BE pro Wort, wenn mindestens zwei Bedeutungen angegeben sind) **a)** heranführen, veranlassen, beeinflussen **b)** fast, beinahe, ungefähr **c)** Hinrichtung, Strafe, flehentliches Bitten **d)** plötzlich, unerwartet **e)** gründen, erbauen, verbergen **f)** gewaltig, riesig, ungeheuer
2. (Je 1 BE) **a)** sideris **b)** spei **c)** gemitui **d)** voluptatibus **e)** regna **f)** mentem
3. (je 1 BE) **a)** immortalium **b)** idoneae **c)** his
4. (Je 1 BE) **a)** cupere, cupio, cupivi, cupitum **b)** tangere, tango, tetigi, tactum **c)** suscipere, suscipio, suscepi, susceptum **d)** auferre, aufero, abstuli, ablatum
5. (3 BE bei vier richtigen Zuordnungen, 2 BE bei zwei richtigen Zuordnungen, 1 BE bei einer richtigen Zuordnung, 0 BE bei keiner richtigen Zuordnung) 1d, 2a, 3c, 4b
6. (Je 1 BE) **a)** 2. Pers. Pl. Imp. Konj. Pass. **b)** 3. Pers. Pl. Perf. Ind. Pass. **c)** 2. Pers. Sg. Fut. Ind. Akt. **d)** 3. Pers. Pl. Präs. Ind. Akt.
7. (je Fehler 1 BE Abzug) **a)** Als die Stadt Gordion erobert worden war, erblickte Alexander jenen Wagen, dessen Fesseln niemand lösen konnte. **b)** Die Bürger trugen Alexander, der viel über das Orakel erfahren wollte, diese Worte vor: **c)** Der, der die Fesseln lösen wird, wird ganz Asien beherrschen; deshalb war Alexander so begierig nach der Macht, dass er nicht lange zögerte.

BLOCK 1 — STUFE 1 - SEITE 6/7

1. **a)** Angst, Furcht **b)** Meer **c)** Fuß **d)** Schärfe, Schlacht, Heer **e)** Mauer **f)** Lob, Ruhm **g)** Seufzen, Klagen, Traurigkeit **h)** Hand, Schar **i)** Brust, Herz **j)** Hoffnung, Erwartung **k)** Zeit, günstige Zeit, Umstände **l)** Werk, Arbeit, Tat **m)** Nutzen, Benutzung, Ausübung **n)** Handlung, Untat **o)** Tapferkeit, Tüchtigkeit, Vortrefflichkeit, Leistung **p)** Aufwand, Kosten **q)** Fall, Zufall **r)** Aufgabe, Geschenk **s)** Heer **t)** Anblick, Aussehen, Schein **u)** Geschlecht, Art, Abstammung **v)** Recht **w)** Glaube, Treue, Vertrauen, Zuverlässigkeit **x)** Wind **y)** Gesundheit, Rettung, Glück, Gruß **z)** Verbrechen, Vorwurf
2. **a)** grün: acies, spes, species, fides; rot: pes, pedis **b)** o-Dekl.: murus, ventus; u-Dekl.: metus, gemitus, manus, usus, sumptus, casus, exercitus; 3. Dekl. (*m,f*): laus, laudis; virtus, virtutis; salus, salutis; 3. Dekl. (*n*): pectus, pectora; tempus, tempora; opus, opera; facinus, facinora; munus, munera; genus, genera; ius, iura **c)** o-Dekl.: numerus, i; u-Dekl.: senatus, us, magistratus, us; 3. Dekl.: sidus, sideris, litus, litoris, scelus, sceleris **d)** gelb: res (Sache, Ding, Angelegenheit), dies (Tag); blau: opes (Macht, Mittel, Reichtum), aedes (Haus), vires (Kräfte, Streitkräfte); übrig: caedes (Mord), obses (Geisel)

   Die Endungen stehen eigentlich alle für maskuline Deklinationen.

3.

	Singular	Plural
Nominativ	res publica der Staat	res publicae die Staaten
Genitiv	rei publicae des Staates	rerum publicarum der Staaten
Dativ	rei publicae dem Staat	rebus publicis den Staaten
Akkusativ	rem publicam den Staat	res publicas die Staaten
Ablativ	re publica durch den Staat	rebus publicis durch die Staaten

4. **1.** Gen. und Dat. Sg.; Nom.Pl.; hostis, hosti, hostes **2.** Dat. Sg.; aquae **3.** Nom. und Akk. Pl.; bella **4.** Dat. und Abl. Pl.; senatoribus **5.** Dat. Sg.; rei **6.** Gen. Pl.; casuum
5. **1.** Gen. obi.: die Furcht vor dem Tod **2.** Gen. subi.: die Sorge der Schwester; Gen. obi.: die Sorge um die Schwester **3.** Gen. obi.: die Liebe zur Heimat **4.** Gen. obi.: der Schutz vor Gefahren **5.** Gen. subi.: die Angst des Siegers; Gen. obi.: die Angst vor dem Sieger **6.** Gen. obi.: die Hoffnung auf Rettung

BLOCK 1 STUFE 2 - SEITE 8/9

1. **a)** derartig, ein solcher, so (beschaffen) **b)** gierig, begierig (nach) **c)** fromm, gerecht, pflichtbewusst **d)** der größte, sehr groß **e)** schlecht, böse, unanständig **f)** dein **g)** irgendein, -e, -er **h)** der schlechteste, sehr schlimm **i)** energisch, heftig, scharf **j)** würdig, wert **k)** ähnlich **l)** gewaltig, riesig, ungeheuer **m)** sein/ihr **n)** sicher **o)** gleich, ebenbürtig **p)** die meisten, sehr viele **q)** kräftig, tapfer **r)** süß, angenehm **s)** schrecklich, wild, wütend **t)** bedeutend, groß, weit **u)** mehrere **v)** sicher **w)** geeignet, passend **x)** jung; der junge Mann **y)** euer/eure **z)** gemeinsam, allgemein
2. **a)** grün: plurimi, comlures **b)** blau: tuus, suus, vester **c)** rot: maximus, pessimus, plurimi **d)** gelb: adulescens **e)** ullius, ulli **f)** a-/o-Dekl.: summus (der höchste, oberste, letzte), futurus (künftig, zukünftig), sacer (heilig, geweiht); 3. Dekl. 1-endig: potens (mächtig, stark), vehemens (energisch, heftig); 3. Dekl. 2-endig: tristis (traurig, unfreundlich), nobilis (adelig, vornehm, berühmt); 3. Dekl. 3-endig: celer (schnell) **g)** iuvenis/vetus, difficilis/facilis, honestus/turpis, inanis/gravis, vivus/mortuus, verus/falsus, longus/brevis, durus/mollis
3.

	Singular	Plural	Singular	Plural
Nominativ	lux clara	luces clarae	nuntius tristis	nuntii tristes
Genitiv	lucis clarae	lucum clararum	nuntii tristis	nuntiorum tristium
Dativ	luci clarae	lucibus claris	nuntio tristi	nuntiis tristibus
Akkusativ	lucem claram	luces claras	nuntium tristem	nuntios tristes
Ablativ	luce clara	lucibus claris	nuntio tristi	nuntiis tristibus

4. **a)** uxorem beatam, die glückliche Ehefrau **b)** exempla superiora, frühere Beispiele **c)** primo consuli, dem ersten Konsul **d)** militum fortium, der tapferen Soldaten **e)** proelio acri, durch die heftige Schlacht **f)** invidiae turpis, des hässlichen Neids **g)** cives alienos, die fremden Bürger **h)** partibus reliquis, den übrigen Teilen **i)** tribuno nobili, dem adligen Tribun **j)** naves magnas, die großen Schiffe
5. **a)** mulier magni ingenii / magno ingenio, eine Frau von/mit großer Begabung **b)** imperator generis regii / genere regio, ein Feldherr von/mit königlicher Abstammung **c)** hostes summae virtutis / summa virtute, ein Feind von/mit höchster Tapferkeit, **d)** murus ingentis magnitudinis / ingenti magnitudine, eine Mauer von/mit gewaltiger Größe

BLOCK 1 STUFE 3 - SEITE 10/11

1. **a)** Macht, Gewalt, Amtsgewalt **b)** am selben Ort, am selben Platz **c)** Tempel (*Pl.* Haus) **d)** Vorfahren, Ahnen **e)** Brauch, Sitte (*Pl.* Charakter) **f)** jener, jene, jenes; der (dort); damalig, berühmt **g)** Ende, Grenze, Ziel, Zweck (*Pl.* Gebiet) **h)** die Seinen/Ihren, seine/ihre Leute **i)** dorthin, deswegen **j)** Kraft, Gewalt, Menge **k)** wohin? **l)** dieser, diese, dieses (da) **m)** Hilfstruppen **n)** wann? **o)** derselbe, der gleiche **p)** zwei **q)** da, dort **r)** das, was **s)** Nachkommen **t)** Lager **u)** inzwischen, unterdessen **v)** Geist, Sinn, Verstand, Meinung **w)** so sehr **x)** dieser, diese, dieses (hier); folgender **y)** dort **z)** Grund, Vernunft, Überlegung, Art und Weise
2. **a)** ille, iste, idem, hic **b)** eodem loco, eo, istic, interea, adeo, illic **c)** maiores, sui, auxilia, duo, ea quae, posteri, castra **d)** aedes – Haus, mores – Charakter, fines – Gebiet, vires – Streitkräfte **e)** fidem servare – sein Wort halten; in vincula conicere – ins Gefängnis werfen, fesseln; fidem dare sein Wort geben, Glauben schenken; castra ponere – ein Lager aufschlagen; finem facere – ein Ende setzen/machen
3. **a)** Dat. und Abl. Pl. *m f n*, istis **b)** Gen. Sg. *m f n*, eiusdem **c)** Dat. Sg. *m f n*, Nom. Pl. m, illi **d)** Nom. Sg. *f*, Abl. Sg. *f*, Nom. und Akk. Pl. *n*, haec, hac, haec, haec

4. **a)** hi duces, his ducibus, huic duci, huius ducis, horum ducum, nos duces; hunc ducem, hoc duce, his ducibus (Abl.) **b)** illam navem, illas naves, illis navibus, illa nave, illi navi, illis navibus; illius navis, illae naves, illarum navium **c)** haec flumina, horum fluminum, huius fluminis, hoc flumine, his fluminibus, haec flumina; huic flumini, hoc flumen (Akk.), his fluminibus, haec flumina (Akk.)

5. **1.** Der Sohn des Königs Tarquinius Superbus tat einer Frau Gewalt an. **2.** Ihr Name war Lukretia und sie war die Ehefrau des adligen Collatinus. **3.** Die traurige Lukretia machte ihrem Leben ein Ende. **4.** Die Ihren und die übrigen Bürger billigten diese schändliche Tat nicht und wollten deswegen diesen schlechten König und seinen Sohn – den Urheber der Tat – aus dem Gebiet werfen. **5.** In einem heftigen Kampf griff das römische Volk die Feinde der Heimat an und besiegte jene. **6.** Nach dieser schlimmsten Zeit forderten die Bürger, dass die zwei besten Männer die Macht haben und nicht ein Tyrann das römische Volk unterdrückt.
a) fecit – facere, erat – esse, fecit – facere, probabant – probare, voluerunt – velle, petivit – petere, vicit – vincere, statuit – statuere, postulabant – postulare **b)** Natus, nomen, uxor, Lucretia tristis, sui, ceteri cives, populus Romanus, plebs, cives **c)** regis Tarquinii Superbi, eius, Collatini nobilis, eius, facinoris, patriae **d)** vim, finem, istud facinus turpe, istem regem improbum, natum, auctorem, hostes, hoc pessimum tempus, rem publicam Romanam, duo optimos viros, potentiam, talem tyrannum ut Tarquinium Superbum, populum Romanum

BLOCK 2 — STUFE 4 - SEITE 12/13

1. **a)** (in Besitz) haben, (besetzt) halten **b)** aufstellen, unterbringen **c)** führen, ausführen, tragen **d)** lehren, belehren, vorschreiben **e)** stärken, ermutigen, bekräftigen, bestätigen **f)** auf sich nehmen, unternehmen **g)** erledigen, fertig machen, vollbringen, beenden **h)** heranführen, veranlassen, beeinflussen **i)** schmücken, ausstatten **j)** bauen, befestigen, schützen **k)** (zusammen)werfen, folgern, vermuten **l)** meinen, bewerten, beurteilen **m)** fürchten, sich fürchten **n)** (auf)stellen, (hin) legen, setzen **o)** urteilen, beurteilen **p)** nicht beachten, vernachlässigen **q)** es steht fest, es ist bekannt **r)** kommen zu/nach **s)** merken, bemerken, verstehen, begreifen **t)** erkennen, durchschauen, genau betrachten **u)** meinen, schätzen **v)** vergrößern, vermehren **w)** handeln, treiben, verhandeln **x)** bedrohen, niederwerfen, unterdrücken **y)** vergleichen **z)** es gefällt jdm., jd. beschließt

2. **a)** rot: collocare, confirmare, ornare, aestimare, iudicare, constat, existimare, comparare; grün: obtinere, augere, placet; blau: munire, pervenire; gelb: gerere, adducere, metuere, ponere, neglegere, intellegere, agere, opprimere; schwarz: praecipere, suscipere, conficere, conicere, perspicere **b)** conficere, adducere, obtinere, opprimere, pervenire, praecipere/ suscipere **c)** 1. cogere, cogo, coegi, coactum, zwingen, (ver)sammeln 2. ducere, duco, duxi, ductum, führen, ziehen, halten für 3. facere, facio, feci, factum, machen, tun, handeln; machen zu 4. committere, committo, commisi, commissum, anvertrauen, begehen, veranstalten 5. terrere, terreo, terrui, territum, erschrecken 6. accipere, accipio, accepi, acceptum, erhalten, erfahren, annehmen **d)** augere, confirmare, placet, agere, munire **e)** z. B. Konfektion, Ornament, to put/position/Position, konstant, Intellekt, to compare

3. **a)** magno usui esse – von großem Nutzen sein (Dat.) **b)** consulis est – es ist Aufgabe/Pflicht eines Konsuls (Gen.) **c)** honori esse – Ehre einbringen (Dat.) **d)** dono dare – zum Geschenk machen (Dat.) **e)** auxilio venire – zu Hilfe kommen (Dat.) **f)** hominis est – es ist charakteristisch für den Menschen (Gen.)

4. -bo, -bi-, -bu-: servare, complere, praebere, iudicare (a- und e-Konjugation); -am, -es, -et...: defendere, trahere, recipere, poscere (i- und 3. Konjugation)

5. **a)** negleges: du wirst nicht beachten **b)** conficient: sie werden erledigen **c)** comparabunt: sie werden vergleichen **d)** muniam: ich werde bauen **e)** confirmabitis: ihr werdet stärken **f)** ponemus: wir werden stellen **g)** augebo: ich werde vergrößern **h)** adducent: sie werden heranführen **i)** ornabit: er wird schmücken **j)** suscipiemus: wir werden auf uns nehmen

BLOCK 2 STUFE 5 – SEITE 14/15

1. **a)** gestalten, sich (etw.) ausdenken **b)** erwähnen, sagen **c)** gründen, erbauen, verbergen **d)** abfallen, fehlen, verlassen **e)** besichtigen, besuchen **f)** auferlegen, einsetzen **g)** beherrschen, leiten, lenken **h)** verlieren **i)** lösen, auflösen, bezahlen **j)** abwehren, verteidigen **k)** bewegen, veranlassen **l)** erkennen, kennenlernen **m)** *m. Akk.* jdn. um Rat fragen, *m. Dat.* Sorgen für **n)** melden **o)** drehen, wenden **p)** es gehört sich, es ist nötig **q)** überliefern, verraten **r)** rollen, wälzen, überlegen **s)** übergeben, ausliefern **t)** aufstellen, beschließen, festsetzen **u)** darlegen, vorschlagen, in Aussicht stellen **v)** zurückgeben, geben, machen zu **w)** wünschen **x)** nehmen **y)** fordern, verlangen **z)** sage / sagte ich

2. **a)** fingere – fingo, condere – condo, deficere – deficio, visere – viso, imponere – impono, regere – rego, amittere – amitto, solvere – solvo, defendere – defendo, commovere – commoveo, noscere – nosco, consulere – consulo, vertere – verto, prodere – prodo, volvere – volvo, tradere – trado, statuere – statuo, proponere – propono, reddere – reddo, sumere – sumo, poscere – posco **b)** 1. amittere, amitto, amisi, amissum, verlieren 2. invenire, invenio, inveni, inventum, finden, erfinden 3. vincere, vinco, vici, victum, siegen, besiegen, übertreffen 4. mittere, mitto, misi, missum, schicken, werfen 5. capere, capio, cepi, captum, nehmen, fassen, ergreifen, erobern 6. fingere, fingo, finxi, fictum, gestalten, sich ausdenken **c)** visere, deficere, optare, vertere, defendere **d)** memorare, regere, nuntiare, statuere, consulere

3.

		rogare		sentire		ducere	
		Präsens	Imperfekt	Präsens	Imperfekt	Präsens	Imperfekt
Singular	1.	rogor	rogabar	sentior	sentiebar	ducor	ducebar
	2.	rogaris	rogabaris	sentiris	sentiebaris	duceris	ducebaris
	3.	rogatur	rogabatur	sentitur	sentiebatur	ducitur	duccbatur
Plural	1.	rogamur	rogabamur	sentimur	sentiebamur	ducimur	ducebamur
	2.	rogamini	rogabamini	sentimini	sentiebamini	ducimini	ducebamini
	3.	rogantur	rogabantur	sentiuntur	sentiebantur	ducuntur	ducebantur

4. Imp. 1. Pl. – nuntiabamur – wir wurden gemeldet; Präs. 3. Sg. – munitur – er (sie,es) wird gebaut; Imp. 2. Sg. – conficiebaris – du wurdest erledigt; Präs. 2. Pl. – ornamini – ihr werdet geschmückt; Präs. 1. Sg. – augeor – ich werde vergrößert; Imp. 3. Pl. – agebantur – sie wurden getrieben

5. **a)** ornor – ich werde geschmückt **b)** monebamur – wir wurden ermahnt **c)** agimini – wir werden getrieben **d)** muniuntur – sie werden gebaut **e)** tradebantur – sie wurden übergeben

BLOCK 2 STUFE 6 – SEITE 16/17

1. **a)** einschüchtern, sehr erschrecken **b)** Ehre, Ehrenamt **c)** bedecken, schützen, verbergen **d)** Zeit, Zeitalter, Lebenszeit **e)** sehen, bemerken **f)** sich anstrengen, (aus)strecken **g)** gehen, nachgeben, zurückweichen **h)** Träne **i)** aufgeben, entlassen, wegschicken **j)** Welle **k)** anfüllen, auffüllen **l)** ausliefern, übergeben **m)** Sonne **n)** erblicken **o)** besetzen, einnehmen **p)** zerbrechen, zerschlagen **q)** erblicken, ansehen **r)** (zu Boden) fallen, umkommen, untergehen **s)** kennen, wissen **t)** Gebiet, Gegend, Richtung **u)** aufnehmen, wiederbekommen, zurücknehmen **v)** streben (nach), haben wollen, angreifen **w)** vorgehen gegen **x)** (genau) erfahren **y)** hausgeben, bekanntmachen **z)** Waffe, Geschoss

2. **a)** honor, honoris; aetas, aetatis; lacrima, lacrimae; unda, undae; sol, solis; regio, regionis; telum, teli **b)** noscere = kennen lernen; novisse = kennen gelernt haben = kennen, wissen **c)** 1. cupere, cupio, cupivi, cupitum, wollen, wünschen, verlangen 2. movere, moveo, movi, motum, bewegen, beeindrucken 3. petere, peto, petivi, petitum, bitten, verlangen, streben (nach), aufsuchen, angreifen 4. tangere, tango, tetigi, tactum, berühren 5. adducere, adduco, adduxi, adductum, heranführen, veranlassen, beeinflussen 6. prohibere, prohibeo, prohibui, prohibitum, abhalten, hindern, verhindern **d)** rumpere, honor, sol, unda, recipere, appetere
3. crediderat – perterritus est, necaverunt – recepti erant, sciveratis – aspecti estis, putavisti – occupatus eras, cucurreram – completus sum, iussimus – rupti eramus; perterritus est – er ist erschreckt worden, recepti erant – sie waren aufgenommen worden, aspecti estis – ihr seid erblickt worden, occupatus eras – du warst besetzt worden, completus sum – ich bin angefüllt worden, rupti eramus – wir waren zerbrochen worden
4. **a)** 3. Pers. Sg. Perf. Pass.; es ist gewünscht worden; optare **b)** 2. Pers. Pl. Plusqpf. Pass.; ihr wart verteidigt worden; defendere **c)** 2. Pers. Pl. Perf. Pass.; ihr seid bewegt worden; movere **d)** 2. Pers. Sg. Perf. Pass.; du bist berührt worden; tangere **e)** 3. Pers. Pl. Plusqpf. Pass.; sie waren ausgeliefert worden; dedere
5. **a)** ruptus, a, um erat – er, sie, es war zerbrochen worden **b)** tacti, ae, i estis – ihr seid berührt worden **c)** adducti, ae, i sunt – sie sind herangeführt worden **d)** completi, ae, i eramus – wir waren angefüllt worden **e)** petitus, a, um eras – du warst gebeten worden **f)** conspectus, a, um sum – ich bin erblickt worden

BLOCK 2 STUFE 7 - SEITE 18/19

1. **a)** geben, hinhalten **b)** aufschreiben, verfassen **c)** meinen, einschätzen, seine Stimme abgeben für **d)** Zeichen, Merkmal, Beweis **e)** festhalten, enthalten **f)** ziehen, schleppen **g)** Stamm, Familie, Volk **h)** Feuer **i)** Meer, Ebene, Fläche **j)** Kreis(lauf), Erdkreis, Welt **k)** aufnehmen, eine Ausnahme machen **l)** Flotte, Abteilung **m)** *m. Akk.* (strafend) vorgehen gegen **n)** aufgeben, beiseitelassen **o)** es ist erlaubt, es ist möglich **p)** auslöschen, vernichten **q)** *m. Abl.* retten vor, bewahren vor **r)** schließen, abschließen, einschließen **s)** täuschen, betrügen **t)** vorlesen, vortragen **u)** Leid, Übel, Unglück **v)** anzünden, in Brand stecken, entflammen **w)** Erz, Geld **x)** Reise, Weg, Marsch **y)** vertrauen, sich verlassen (auf) **z)** wiederherstellen, wieder errichten
2. **a)** signa, gentes, ignes, aequora, orbes, classes, mala, aera, itinera **b)** Erdkreis, Welt; Schulden **c)** classis = Substantiv; Romana = Adjektiv; die römische Flotte **d)** 1. colere, colo, colui, cultum, verehren, bewirtschaften, pflegen 2. perdere, perdo, perdidi, perditum, verlieren, verschwenden, vernichten 3. constituere, constituo, constitui, constitutum, aufstellen, gründen, festsetzen, beschließen 4. docere, doceo, docui, doctum, lehren, unterrichten 5. incipere, incipio, incepi, inceptum, anfangen, beginnen 6. interficere, interficio, interfeci, interfectum, töten, vernichten **e)** censere, licet
3. restituerem – incendebar, excepissetis – animadverti eratis, fuisset – traxisset - continuerat, falleremus – colebamur, doceres – claudebas, continuerant – traherent;
Konj. Imp.: -re-, Konj. Plusqpf.: -isse-
4. **a)** clausisset, er hätte geschlossen **b)** traheremus, wir würden ziehen **c)** excepisses, du hättest aufgenommen **d)** docuissetis, ihr hättet gelehrt **e)** exstincti essent, sie wären ausgelöscht worden **f)** interficerer, ich würde getötet werden
5. **a)** pugnaret, vinceret: Wenn Herkules kämpfen würde, würde er siegen. **b)** interfecisset, interfectus esset: Wenn Herkules den Löwen nicht getötet hätte, wäre er vom Löwen getötet worden. **c)** praestitisset, nominaretur: Wenn Herkules die Aufgaben des Eurystheus erfüllt hätte, würde er als großer Held bezeichnet werden.

BLOCK 2 STUFE 8 - SEITE 20/21

1. **a)** gehen **b)** neulich, vor kurzem **c)** (zurück)bringen, berichten **d)** zu, allzu, zu sehr **e)** zurückgehen, zurückkehren **f)** zusammentragen, vergleichen **g)** erstens, zuerst, zum ersten Mal **h)** es ist wichtig **i)** herantreten (an), hinzugehen (zu), aufsuchen, auf sich nehmen, angreifen **j)** früher, zuerst **k)** wegbringen, rauben **l)** hineintragen, zufügen **m)** von hier, hierauf **n)** bringen, tragen, ertragen **o)** fast, beinahe, ungefähr **p)** zufällig **q)** weggehen **r)** jemals, irgendwann einmal **s)** auf sich nehmen, herangehen **t)** nie, niemals **u)** bringen, herbeibringen, melden **v)** fast, beinahe **w)** hineingehen (in), beginnen **x)** bringen, überbringen, ertragen **y)** bei Tagesanbruch, bei Sonnenaufgang **z)** umkommen, zugrunde gehen

2. **a)** ire: redire, adire, abire, subire, inire, perire; ferre: referre, conferre, auferre, inferre, afferre, perferre **b)** nuper, prima luce, forte, prius **c)** 1. cogere, cogo, coegi, coactum, zwingen, (ver)sammeln 2. premere, premo, pressi, pressum, drücken, unterdrücken, bedrängen 3. cognoscere, cognosco, cognovi, cognitum, erkennen, kennenlernen; Perf. kennen, wissen 4. ponere, pono, posui, positum, (auf)stellen, (hin)legen, setzen 5. relinquere, relinquo, reliqui, relictum, verlassen, zurücklassen 6. animadvertere, animadverto, animadverti, animadversum, bemerken

3. **ire:** 1. Pers. Sg. Präs. Ind. – eo – ich gehe; 2. Pers. Pl. Imp. Konj. – iretis – ihr würdet gehen; 2. Pers. Pl. Plusqpf. Ind. – ieratis – ihr wart gegangen; 1. Pers. Pl. Perf. Ind. – iimus – wir sind gegangen; 3.Pers. Sg. Präs. Ind. – it – er geht.

   ferre: 3. Pers. Sg. Präs. Ind. – fert – er trägt; 3. Pers. Sg. Perf. Ind. – tulit – er hat getragen; 3.Pers. Pl. Plusqpf. Konj. – tulissent – sie hätten getragen; 2. Pers. Pl. Imp. Ind. – ferebatis – ihr trugt; 1. Pers. Pl. Plusqpf. Ind. – tuleramus – wir hatten getragen

4. **a)** tuli = ich habe getragen **b)** iret = er würde gehen **c)** ieras = du warst gegangen **d)** ferebant = sie trugen **e)** ferretis = ihr würdet tragen **f)** imus = wir gehen

5. **1.** Dädalus und Ikarus, dessen Sohn, waren auf der Insel Kreta bei König Minos eingeschlossen. **2.** Da fasste Dädalus einen Plan: weil sie nicht über das Meer weggehen konnten, mussten sie den Weg durch die Luft machen. **3.** Dädalus erfand Flügel; und bei Tagesanbruch unternahmen sie mit diesen Flügeln die Flucht. **4.** Der allzu hochmütige Ikarus wurde von den Flügeln zur Sonne getragen. **5.** Als Ikarus die Sonne berührte, wurden die Flügel des Ikarus vom Feuer der Sonne zerbrochen und Ikarus viel vom Himmel in die Wellen des Meeres. **6.** Dädalus wurde von großem Schmerz bewegt und weinte: **7.** „Mein Sohn, wenn ich niemals diese Flügel erfunden hätte, hätte ich dich vor dem Unglück bewahren können und du wärst nicht umgekommen!"
   a) clausi erant – claudere; cepit – capere; poterant – posse; debebant – debere; invenit – invenire; susceperunt – suscipere; latus est – ferre; tetigit – tangere; ruptae sunt – rumpere; cecidit – cadere; movebatur – movere; flevit – flere; invenissem – invenire; potuissem – posse; periisses – perire **b)** clausi erant – clauserant; latus est – tulit; ruptae sunt – ruperunt; movebatur – movebat **c)** deberent – debebant; invenissem – inveneram; periisses – perieras

BLOCK 2 STUFE 9 - SEITE 22/23

1. **a)** anders, sonst **b)** innerhalb von (*wo? wohin?*) **c)** stehen bleiben, Widerstand leisten **d)** so **e)** und, auch; wie, als **f)** dass nicht, damit nicht **g)** inzwischen **h)** sobald, sooft **i)** allerdings, gewiss, überhaupt, meinetwegen **j)** welcher, welche, welches; der, die, das **k)** schlecht, schlimm **l)** rings um, um ... herum **m)** ebenso, gleichfalls **n)** dass, sodass, damit **o)** als, nachdem, weil, obwohl, während (dagegen) **p)** geben, **q)** gegen **r)** endlich, zuletzt **s)** zeigen, erklären **t)** auch wenn, obwohl **u)** bis zu **v)** nur **w)** sobald **x)** plötzlich, unerwartet **y)** dass, weil **z)** am wenigstens, überhaupt nicht

2. **a)** restiti, dedi, ostendi **b)** aliter, sic, interim, sane, male, item, demum, tantum, repente, minime **c)** intra, circum, contra, usque ad *m. Akk.* **d)** ne *m. Konj.*, ut *m. Ind.*, qui/quae/quod, ut *m. Konj.*, cum *m. Konj.*, etsi, ubi *m. Ind. Perf.*; quod *m. Ind.*

3. qui – cuius – quorum – quarum – quas – quam – quod – quo – quibus – quae – qui – quibus - cui

4. **a)** qui – Dädalus, der die Insel Kreta verlassen wollte, erfand Flügel. **b)** cuius – Ikarus, dessen Vater die Flügel erfunden hatte, erstrebte ebenso das Heil in der Flucht. **c)** quas – quibus – Die Flügel, des Ikarus, die sich sein Vater ausgedacht hatte und mit denen der Junge zum Himmel geflogen war, wurden vom Feuer der Sonne aufgelöst. **d)** cui – Dädalus verlor Ikarus, dem er die Flügel zum Geschenk gemacht hatte, im Meer und fand ihn nicht mehr.

5. **1.** Eurystheus appetivit, ut Herculem vinceret. Eurystheus strebte danach, Herkules zu besiegen / dass er Herkules besiegte. **2.** Eurystheus Herculem vincere voluit, cum Herculem timeret. Eurystheus wollte Herkules besiegen, weil er Herkules fürchtete. **3.** Hercules timebat, ne animo deficeret. Herkules fürchtete, dass er den Mut verliere / den Mut zu verlieren. **4.** Hercules omnia officia praestitit, cum Eurystheus multa et magna officia dedisset. Herkules erfüllte alle Aufgaben, obwohl Eurystheus viele und große Aufgaben gegeben hatte. **5.** Eurystheus Herculem non iam petivit, ut Hercules omnia officia praestiterat. Eurystheus griff Herkules nicht mehr an, sobald Herkules alle Aufgaben geleistet hatte.

BLOCK 3 — STUFE 10 - SEITE 24/25

1. **a)** damals, dann **b)** so **c)** weder ... noch **d)** Körper, Leichnam **e)** freilich, natürlich, selbstverständlich **f)** Kopf, Hauptstadt **g)** sich **h)** (ich) allerdings, freilich **i)** sich zeigen **j)** Herrschaft, Königsherrschaft, Reich **k)** nicht einmal **l)** Lied, Gedicht **m)** zurecht, mit Recht **n)** sich zurückziehen **o)** Name **p)** königliches Haus, Palast **q)** nicht **r)** gerecht **s)** Gottheit, göttlicher Wille **t)** sich **u)** nichts als, nur **v)** (so) wie **w)** nicht nur ... sondern auch **x)** freiwillig, von selbst **y)** und nicht, auch nicht **z)** weshalb, deshalb

2. **a)** neque ... neque, ne ... quidem, haud, nihil nisi, non modo ... sed etiam, nec **b)** iustus, iure, ius, lex **c)** regnum, regius, rex, regere **d)** corporis, capitis, carminis, nominis, numinis; Neutra **e)** se = Akkusativ, sibi = Dativ

3.

Singular	Nominativ	is, ea, id	hic, haec, hoc	ille, illa, illud
	Genitiv	eius, eius, eius	huius, huius, huius	illius, illius, illius
	Dativ	ei, ei, ei	huic, huic, huic	illi, illi, illi
	Akkusativ	eum, eam, id	hunc, hanc, hoc	illum, illam, illud
	Ablativ	eo, ea, eo	hoc, hac, hoc	illo, illa, illo
Plural	Nominativ	ii, eae, ea	hi, hae, haec	illi, illae, illa
	Genitiv	eorum, earum, eorum	horum, harum, horum	illorum, illarum, illorum
	Dativ	eis, eis, eis	his, his, his	illis, illis, illis
	Akkusativ	eos, eas, ea	hos, has, haec	illos, illas, illa
	Ablativ	eis, eis, eis	his, his, his	illis, illis, illis

4. **a)** Constat Romulum urbem Romam condidisse. **b)** Audivisti eum mulieres pro urbe petere. **c)** Romulus sciebat se fratrem interfecisse. **d)** Audivistis Didonem Aeneam amare. **e)** Dido sensit eum se relinquere velle. **f)** Aeneas scivit: oportet me imperio deorum parere.

BLOCK 3 STUFE 11 – SEITE 26/27

1. **a)** Wille, Absicht Zustimmung **b)** Kohorte **c)** öffentlich, staatlich **d)** Dienst, Pflicht, Pflichtgefühl **e)** Lust, Vergnügen **f)** bewaffnet **g)** Tochter **h)** Verlangen, Leidenschaft **i)** so ... wie **j)** der erste/führende Mann, Kaiser **k)** Kleid, Kleidung; *Pl.* Kleider **l)** Sitte der Vorfahren **m)** Burg **n)** Macht **o)** wie **p)** Frechheit, Kühnheit **q)** Brief, Literatur, Wissenschaft **r)** Volk, Volksmasse, Pöbel **s)** aber, in der Tat, wirklich **t)** (einfaches) Volk **u)** Bau, Befestigung **v)** Küste **w)** ein Leben führen, leben **x)** Wohltat **y)** folgend **z)** Wächter, Wächterin
2. **a)** publicus, armatus, posterus **b)** voluntas, cohors, voluptas, cupiditas, princeps, vestis, mos maiorum, arx, plebs, munitio, custos – voluntatis, cohortis, voluptatis, cupiditatis, principis, vestis, moris maiorum, arcis, plebis, munitionis, custodis **c)** vulgus, plebs, populus
3. **a)** mittens, schickend, missus, geschickt **b)** ferens, tragend, latus, getragen **c)** ducens, führend, ductus, geführt **d)** capiens, ergreifend, captus, ergriffen **e)** vertens, wendend, versus, gewendet
4. **b)** principe regente – Abl. Sg. *m* durch den regierenden Kaiser **c)** natam flentem – Akk. Sg. *f* die weinende Tochter **d)** vulgi proditi – Gen. Sg. *m* / Nom. Pl. *m* des verratenen Volkes, die verratenen Völker **e)** custodi tegenti – Dat. Sg. *m* / *f* dem / der schützenden Wächter / Wächterin **f)** cohortes coactos – Akk. Pl. *m* die versammelten Kohorten **g)** militum armatorum – Gen. Pl. *m* der bewaffneten Soldaten **h)** civibus pressis – Dat. / Abl. Pl. *m* den / durch die unterdrückten Bürger/n
5. **a)** donum ferentem: Cäsar fragte den Soldaten, der ein Geschenk trug: „Was ist das?" **b)** imperatorem servantibus: Cäsar vertraute den Soldaten, weil sie ihn beschützten. **c)** a Cleopatra missum: Cäsar öffnete das Geschenk, das von Kleopatra geschickt worden war, und fand Kleopatra. **d)** audacia et specie Cleopatrae commotus: Cäsar entbrannte sofort in Lust, weil er von der Kühnheit und vom Aussehen Kleopatras bewegt worden war. **e)** auxilium petenti: Cäsar konnte Kleopatra, als sie um Hilfe bat, keinen Widerstand leisten. **f)** ab eo amatam: Cäsar führte Kleopatra, die von ihm geliebt worden war, nach Rom.

BLOCK 5 STUFE 12 – SEITE 28/29

1. **a)** Raum, Strecke, Zeit, Zeitraum **b)** Band, Strick, Fessel (*Pl.* Gefängnis) **c)** Aufenthalt, Verzögerung **d)** Kunst, Fertigkeit, Eigenschaft **e)** alt, altertümlich **f)** Urheber, Schriftsteller, Gründer **g)** Provinz **h)** Forschung, Untersuchung, Erzählung, Bericht **i)** Brand, Feuer **j)** Wagen **k)** Brief **l)** unsterblich **m)** Gewohnheit **n)** Bild, Bildnis **o)** ausländisch, unzivilisiert; *Subst.* Barbar **p)** Glaube, (Gottes-)Verehrung, Frömmigkeit, Gewissenhaftigkeit **q)** Hinrichtung, Strafe, flehentliches Bitten **r)** Leb wohl! Lebt wohl!
2. **a)** rot: mora, provinica, historia, epistula; blau: barbarus; grün: spatium, vinculum, incendium, simulacrum, supplicium; gelb: ars, auctor, consuetudo, religio **b)** artis, auctoris, consuetudinis, religionis **c)** vinculum, antiquus, vale! **d)** provincia, ars, historia, auctor
3.

	Ablativ Singular	Ablativ Plural
a) vinculum solutum	vinculo soluto	vinculis solutis
b) barbarus pugnans	barbaro pugnante	barbaris pugnantibus
c) provincia capta	provincia capta	provinciis captis
d) incendium interficiens	incendio interficiente	incendiis interficientibus
e) auctor cultus	auctore culto	auctoribus cultis

4. **1C** Weil/Als die Römer die Feinde besiegten, wurde ein Teil Germaniens besetzt. **2E** Weil/Nachdem die Feinde von den Römern besiegt worden waren, brachten die Römer ihre Lebensweise in diese Gebiete. **3B** Nachdem/Als Germanien besetzt worden waren, führten die Römer einige Gefangene nach Rom. **4A** Obwohl die Germanen ihre Heimat verteidigten, konnte der Ansturm der Römer nicht verhindert werden. **5F** Weil die Römer den Germanen ihre Lebensweise brachten, wollten die Germanen die Feinde aus ihrem Gebiet vertreiben. **6D** Nachdem/Weil/Obwohl viele Kriege in den fremden Gebieten geführt worden waren, wollten wenige Römer nach Hause zurückkehren.
5. **1.** Nachdem Caesar getötet worden war, flüchtete sich Kleopatra mit ihrem Sohn Cäsarion nach Ägypten. **2.** Kurz danach begannen Antonius und Octavian, der Adoptivsohn des Cäsar, zu Land und zu Wasser heftige Schlachten. **3.** Nachdem Antonius von Octavian besiegt worden war, musste Kleopatra ihr Heil in der Flucht suchen, weil sie damals die Ehefrau des Antonius war. **4.** Weil die Angst vor Octavian sehr groß gewesen war, tötete sich Kleopatra mit einer Schlange, die von einem Sklaven gebracht worden war. **5.** Als ein Ende des Bürgerkrieges gemacht worden war, wurde Octavian zum Kaiser gemacht. **6.** Ihm wurde der Name „Augustus" gegeben und er herrschte viele Jahre lang als bester Kaiser des römischen Volkes. **7.** Die Forschung lehrt uns, dass Augustus eine Frieden und Ruhe bringende Zeit begründet hat. Kleopatra, deren Aussehen und Begabung gewaltig waren, wird niemals aus unserem Gedächtnis verschwinden.
   a) Caesare interfecto, Antonio ab Octaviano victo, Fine belli civilis facto **b)** Caesaris, Antonii, Octaviani, belli civilis, populi Romani, cuius

ABSCHLUSSTEST - SEITE 30/31

1. (Je ½ BE) **a)** meinen, einschätzen, seine Stimme abgeben für **b)** fast, beinahe **c)** Wille, Absicht, Zustimmung **d)** weshalb, deshalb **e)** fürchten, sich fürchten **f)** ehrenhaft, angesehen
2. (Je 1 BE) **a)** rei **b)** solis **c)** casui **d)** pedibus **e)** venti **f)** potentiam
3. (Je 1 BE) **a)** immortalis (Gen. Sg.) immotales (Nom. Pl.) **b)** digno **c)** haec
4. (Je 1 BE je richtiger Reihe) **a)** adducere, adduco, adduxi, adductum **b)** perferre, perfero, pertuli, perlatum **c)** interficere, interficio, interfeci, interfectum **d)** munire, munio, munivi, munitum
5. (3 BE bei vier richtigen Zuordnungen, 2 BE bei zwei richtigen Zuordnungen, 1 BE bei einer richtigen Zuordnung, 0 BE bei keiner richtigen Zuordnung) **1d, 2a, 3c, 4b**
6. (Je 1 BE) **a)** 2. Pers. Pl. Perf. Ind. Akt. **b)** 3.Pers. Sg. Imp. Ind. Akt. **c)** 1.Pers. Sg. Plusqpf. Konj. Akt. **d)** 3. Pers. Pl. Imp. Konj. Pass.
7. (Je Fehler 1 BE Abzug) **a)** Alexander wusste, dass der Mann, der die Fesseln des Wagens löst, ganz Asien beherrscht. **b)** Nachdem das Orakel gehört worden war, strebte Alexander nur danach, dass er den Knoten löste / den Knoten zu lösen. **c)** Nachdem das Schwert genommen war, löste Alexander mit einem Hieb die Fesseln, weil niemals gesagt wurde, dass die Fesseln mit den Händen gelöst werden müssen.

3. Personenmemory

Jeweils zwei der folgenden Verbformen entsprechen sich in Person und Numerus. Verbinde diese miteinander.

Notiere die Passivformen und übersetze diese.

4. Zurück zum Ursprung

Im Lateinischen werden das Perfekt und Plusquamperfekt Passiv mit dem PPP und esse gebildet. Bestimme jeweils Person, Numerus, Tempus und Genus verbi (Aktiv / Passiv), übersetze die Form und gib in der letzten Spalte den Infinitiv Präsens an.

Bsp.: vocatus eram	1. Pers. Sg. Plusqpf. Pass.	ich war gerufen worden	vocare
a) optatum est			
b) defensi eratis			
c) moti estis			
d) tacta es			
e) dediti erant			

5. Tempusarchitekt

Verwandle jede Präsensform in die entsprechende Perfektform und jede Imperfektform in die entsprechende Plusquamperfektform. Übersetze dann alle neu gebildeten Formen.

a) rumpebatur		
b) tangimini		
c) adducuntur		
d) complebamur		
e) petebaris		
f) conspicior		

Summe Bonuspunkte

1. Übung macht den Meister

Bist du fit in den Vokabeln? Wiederhole immer wieder einmal auch die Vokabeln der vorherigen Lernstufen. Die Zahl in Klammern verrät dir, wie viele deutsche Bedeutungen du gelernt hast.

a) praebere (2) ______
b) conscribere (2) ______
c) censere (3) ______
d) signum (3) ______
e) continere (2) ______
f) trahere (2) ______
g) gens (3) ______
h) ignis (1) ______
i) aequor (3) ______
j) orbis (3) ______
k) excipere (2) ______
l) classis (2) ______
m) animadvertere in (1) ______
n) omittere (2) ______
o) licet (2) ______
p) exstinguere (2) ______
q) servare a (2) ______
r) claudere (3) ______
s) fallere (2) ______
t) recitare (2) ______
u) malum (3) ______
v) incendere (3) ______
w) aes (2) ______
x) iter (3) ______
y) confidere (2) ______
z) restituere (2) ______

2. Gesucht und gefunden

a) Es ist schon wieder passiert: Zwischen die Verben haben sich Substantive geschummelt. Finde sie und bilde hier ihren Plural.

______

b) Gib die deutsche Bedeutung folgender Wendungen an.

orbis terrarum ______ aes alienum ______

c) Der Ausdruck **classis Romana** wird im Deutschen gern scherzhaft mit „die flotte Römerin" übersetzt. Erkläre, was hier bei der Übersetzung falsch gelaufen ist und übersetze richtig.

d) Gib die fehlenden Formen der Stammformenreihe und die deutsche Bedeutung an.

1. colere				
2.		perdidi		
3.			constitutum	
4.	doceo			
5. incipere				
6.		interfeci		

e) Gib zu folgenden spanischen Wörtern das lateinische Ursprungswort an. Die Liste oben kann dir helfen.

censar ______ licencia ______

3. Bruchstückhaft

Verbinde die Indikativ- und Konjunktivformen, die sich in Person und Numerus entsprechen.

Woran erkennst du den Konjunktiv Imperfekt und den Konjunktiv Plusquamperfekt? Markiere die Kennsilben.

4. Förmchen wechsle dich

Forme Konjunktiv Imperfekt in die entsprechende Form des Konjunktiv Plusquamperfekt um und umgekehrt. Übersetze dann die gebildete Form.

a) clauderet → ______

b) traxissemus → ______

c) exciperes → ______

d) doceretis → ______

e) exstinguerentur → ______

f) interfectus essem → ______

5. Was wäre, wenn ...

Setze den Indikativ Präsens in den Konjunktiv Imperfekt und Präteritumsformen in den Konjunktiv Plusquamperfekt. Übersetze anschließend.

a) Si Hercules pugnat, vincit.

Si Hercules ______, ______.

______

b) Nisi Hercules leonem interfecit, a leone interfectus est.

Nisi Hercules leonem ______, a leone ______.

______

c) Si Hercules officia Eurysthei praestitit, magnus hero[1] nominatur.

Si Hercules officia Eurysthei ______, magnus hero ______.

______

1 hero Held

Summe Bonuspunkte

1. Verwechslungsgefahr

Aufgepasst! Heute geht es um Verben und Adverbien, die leicht verwechselt werden können. Kannst du sie auseinanderhalten? Achte auf jeden Buchstaben. Die Zahl in Klammern verrät dir, wie viele deutsche Bedeutungen du gelernt hast.

a) ire (1) ______
b) nuper (2) ______
c) referre (2) ______
d) nimis / nimium (3) ______
e) redire (2) ______
f) conferre (2) ______
g) primum (3) ______
h) refert (1) ______
i) adire (5) ______
j) prius (2) ______
k) auferre (2) ______
l) inferre (2) ______
m) hinc (2) ______
n) ferre (3) ______
o) fere (3) ______
p) forte (1) ______
q) abire (1) ______
r) umquam (2) ______
s) subire (2) ______
t) numquam (2) ______
u) afferre (3) ______
v) paene (2) ______
w) inire (2) ______
x) perferre (3) ______
y) prima luce (2) ______
z) perire (2) ______

2. Gesucht und gefunden

a) Finde alle Komposita zu **ire** und **ferre** und schreibe sie hier auf.

ire ______

ferre ______

b) Finde in der Liste oben jeweils das Adverb, das das Gegenteil folgender deutscher Adverbien bezeichnet.

einst ______ bei Sonnenuntergang ______

absichtlich ______ später ______

c) Gib die fehlenden Formen der Stammformenreihe und die deutsche Bedeutung an.

1. cogere				
2.		pressi		
3.	cognosco			
4.		posui		
5. relinquere				
6.			animadversum	

3. Geheimnisvolle Verbtafeln

Fülle die Lücken auf den Tafeln, indem du entweder Person, Numerus und Tempus angibst, die lateinische Form bildest oder die deutsche Übersetzung einträgst.

4. Formenwandel

Bilde aus der Form von **ire** die entsprechende Form von **ferre** bzw. umgekehrt, indem du Person, Numerus, Tempus und Modus beibehältst. Übersetze dann die gebildete Form.

a) ii → ____________ = ____________

b) ferret → ____________ = ____________

c) tuleras → ____________ = ____________

d) ibant → ____________ = ____________

e) iretis → ____________ = ____________

f) ferimus → ____________ = ____________

5. Hochmut kommt vor dem Fall: Dädalus und Ikarus

Vielleicht erinnerst du dich noch an die Geschichte von Phaeton, der den Sonnenwagen seines Vaters lenken wollte und dem dieser Übermut leider zum Verhängnis wurde. Ähnlich erging es Ikarus.

1. Daedalus et Icarus, eius natus, in Creta insula apud regem Minoem[1] clausi erant. **2.** Tum Daedalus consilium cepit: Quia per aequor abire non poterant, iter per aerem[2] facere debebant. **3.** Daedalus alas[3] invenit; et prima luce his alis fugam susceperunt. **4.** Icarus nimis superbus[4] alis ad solem latus est. **5.** Cum Icarus solem tetigit, alae Icari igne solis ruptae sunt et Icarus de caelo in undas maris cecidit. **6.** Daedalus magno dolore movebatur et flevit: **7.** „Mi fili, si numquam istas alas invenissem, te a malo servare potuissem et tu non periisses!“

a) Unterstreiche alle Prädikate doppelt und gib den Infinitiv an.
b) Bilde zu den Passivformen die entsprechende Aktivform.
c) Setze alle Konjunktivformen in den Indikativ.

Summe Bonuspunkte

1 Mīnōs, ōis Minos (König von Kreta)
2 āēr, āeris *m* die Luft
3 āla, ae *f* der Flügel
4 superbus hochmütig

1. Jetzt bist du schon relativ weit …

Einen Großteil der Vokabeln hast du nun schon wiederholt. Bist du auch bei den folgenden auf Zack? Heute stehen die Relativsätze im Mittelpunkt. Die Zahl in Klammern verrät dir, wie viele deutsche Bedeutungen du gelernt hast.

a) aliter (2) ____________

b) intra (1) ____________

c) resistere (2) ____________

d) sic (1) ____________

e) ac / atque (4) ____________

f) ne *m. Konj.* (2) ____________

g) interim (1) ____________

h) ut *m. Ind.* (2) ____________

i) sane (4) ____________

j) qui, quae, quod (2) ____________

k) male (2) ____________

l) circum (2) ____________

m) item (2) ____________

n) ut *m. Konj.* (3) ____________

o) cum *m. Konj.* (5) ____________

p) dare (1) ____________

q) contra (1) ____________

r) demum (2) ____________

s) ostendere (2) ____________

t) etsi (2) ____________

u) usque ad (1) ____________

v) tantum (1) ____________

w) ubi *m. Ind. Perf.* (1) ____________

x) repente (2) ____________

y) quod *m. Ind.* (2) ____________

z) minime (2) ____________

2. Gesucht und gefunden

a) Finde in der Liste oben die drei Verben und gib jeweils die 1. Person Singular Perfekt an.

____________ ____________ ____________

b) Unterstreiche die zehn Adverbien in der Liste grün.

c) Außerdem haben sich vier Präpositionen versteckt. Unterstreiche sie rot. Welchen Kasus fordern sie?

d) Notiere die acht Vokabeln, die einen Nebensatz einleiten.

____________ ____________ ____________ ____________

____________ ____________ ____________ ____________

e) Gerade die kleinen Wörter wollen manchmal nicht so gut im Gedächtnis bleiben. Schreibe hier diejenigen aus der Liste heraus, die du dir nur schwer merken kannst, und erfinde eine Eselsbrücke dazu.

____

____

____

____

____

3. der-die-das-Schlange

Arbeite dich vom Kopf bis zur Schwanzspitze der Schlange durch und bilde Formen von **qui**.

4. Wer, wessen, wem und wen?

Vervollständige die Sätze, indem du die passenden Formen von qui, quae, quod einsetzt. Achte auf Kasus, Numerus und Genus! Übersetze den Satz in der Zeile darunter!

a) Daedalus, ________ Cretam insulam relinquere voluit, alas invenit. (āla, ae *f* der Flügel)

____

b) Icarus , ________ pater alas invenerat, item fuga salutem petivit.

____

c) Alae Icari, ________ pater eius finxerat et ________ puer ad caelum volaverat, igne solis ruptae sunt.

____

d) Daedalus Icarum, ________ alas dono dederat, in mare amisit et non iam invenit.

____

5. Gut kombiniert

Schlägst du dich genauso tapfer wie Herkules? Übersetze zunächst mündlich und verbinde jeden Hauptsatz mit der dazu passenden Subjunktion und dem passenden Gliedsatz. Übersetze abschließend alle Sätze.

Hauptsatz	Subjunktion	Gliedsatz
1) Eurystheus appetivit		a) Eurystheus multa et magna officia dedisset.
2) Eurystheus Herculem vincere voluit	ut ut	b) Herculem timeret.
3) Hercules timebat	ne cum	c) Herculem vinceret.
4) Hercules omnia officia praestitit	cum	d) Hercules omnia officia praestiterat.
5) Eurystheus Herculem non iam petivit		e) animo deficeret.

Summe Bonuspunkte

1. Wer? Wie? Was?

Hier findest du Substantive und andere Wortarten bunt gemischt. Die Zahl in Klammern verrät dir, wie viele deutsche Bedeutungen du gelernt hast.

a) tunc (2) ______

b) tam (1) ______

c) neque ... neque (1) ______

d) corpus (2) ______

e) scilicet (3) ______

f) caput (2) ______

g) sibi (1) ______

h) equidem (2) ______

i) se praebere (1) ______

j) regnum (3) ______

k) ne ... quidem (1) ______

l) carmen (2) ______

m) iure (2) ______

n) se recipere (1) ______

o) nomen (1) ______

p) regia (domus) (2) ______

q) haud (1) ______

r) iustus (1) ______

s) numen (2) ______

t) se (1) ______

u) nihil nisi (2) ______

v) sicut (1) ______

w) non modo ... sed etiam (1) ______

x) sponte sua (2) ______

y) nec (2) ______

z) quare (2) ______

2. Gesucht und gefunden

a) Markiere in der Liste oben alle Wörter, die eine Verneinung ausdrücken, rot.

b) Finde mindestens drei lateinische Wörter aus dem Sachfeld „Recht“, „gerecht“ und „Gerechtigkeit“. Die Liste kann dir dabei helfen.

______

c) In der Liste oben findest du das Substantiv **regia (domus)**. Notiere mindestens zwei weitere Wörter aus dem Sachfeld „regieren“. Die Liste kann dir dabei helfen.

______

d) Finde in der Liste alle Substantive der 3. Deklination und bilde ihren Genitiv. Was haben diese Substantive außer der Deklination noch gemeinsam?

______

e) In der Liste findest du zwei lateinische Wörter, die mit „sich“ übersetzt werden. Erkläre den Unterschied.

______

3. Dieser und jener

Um für die Übersetzung des AcI fit zu sein, brauchst du Pronomina. Trage in die Tabelle die richtigen Formen ein.

		is, ea, id	**hic, haec, hoc**	**ille, illa, illud**
Singular	Nominativ			
	Genitiv			
	Dativ			
	Akkusativ			
	Ablativ			
Plural	Nominativ			
	Genitiv			
	Dativ			
	Akkusativ			
	Ablativ			

Markiere gleiche Formen mit der identischen Farbe. Wie viele Farben brauchst du?

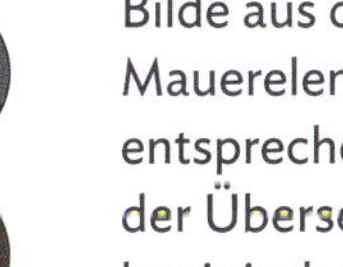

4. Baumeister

Bilde aus den Mauerelementen entsprechend der Übersetzung lateinische Sätze mit AcI. Verwende jeden Stein.

a) Es steht fest, dass Romulus die Stadt Rom gegründet hat.

b) Du hast gehört, dass er *(= Romulus)* Frauen in die Stadt holte.

c) Romulus wusste, dass er *(selbst)* seinen Bruder getötet hatte.

d) Ihr habt gehört, dass Dido Äneas liebte.

e) Dido fühlte, dass er *(=Äneas)* sie verlassen wollte.

f) Äneas wusste: Es gehört sich, dass ich dem Befehl der Götter gehorche.

Summe Bonuspunkte

1. Bald hast du es geschafft

Heute erwarten dich nochmal einige Substantive. Die Zahl in Klammern verrät dir, wie viele deutsche Bedeutungen du gelernt hast.

a) voluntas (3) ____________

b) cohors (1) ____________

c) publicus (2) ____________

d) officium (3) ____________

e) voluptas (2) ____________

f) armatus (1) ____________

g) nata (1) ____________

h) cupiditas (2) ____________

i) tam ... quam (1) ____________

j) princeps (2) ____________

k) vestis (2) ____________

l) mos maiorum (1) ____________

m) arx (1) ____________

n) potentia (1) ____________

o) ut (1) ____________

p) audacia (2) ____________

q) litterae (3) ____________

r) vulgus (3) ____________

s) vero (3) ____________

t) plebs (1) ____________

u) munitio (2) ____________

v) ora (1) ____________

w) vitam agere (2) ____________

x) beneficium (1) ____________

y) posterus (1) ____________

z) custos (2) ____________

2. Gesucht und gefunden

a) Finde in der Liste oben die drei Adjektive und unterstreiche sie grün.

b) Markiere in der Liste alle Substantive der 3. Deklination blau und bilde den Genitiv.

____

____

c) Notiere drei lateinische Wörter, die „Volk“ bezeichnen. Die Liste kann dir dabei helfen.

____

d) Die beiden Substantive **voluntas** und **voluptas** unterscheiden sich in nur einem Buchstaben. Erfinde eine Merkhilfe, die dir hilft, die beiden Vokabeln auseinander zu halten.

____

____

3. Fit für die Formen

Bilde jeweils PPA und PPP und übersetze.

	PPA		PPP	
Bsp.: laudare	laudans, -ntis	lobend	laudatus, -a, -um	gelobt
a) mittere				
b) ferre				
c) ducere				
d) capere				
e) vertere				

4. Pärchenbildung

Bestimme KNG, ordne richtig zu und übersetze die so entstandenen Wortpaare.

a) magister	regente	
b) principe	pressis	
c) natam	tegenti	
d) vulgi	laudans	Nom. Sg. *m* der lobende Lehrer
e) custodi	coactos	
f) cohortes	armatorum	
g) militum	proditi	
h) civibus	flentem	

5. Voller Einsatz

Übersetze die Ausdrücke zunächst mündlich und vervollständige danach die Sätze sinnvoll. Übersetze abschließend nochmal mit Relativsatz (R) oder mit Adverbialsatz (A).

a Cleopatra missum (R)	auxilium petenti (A)	imperatorem servantibus (A)
ab eo amatam (R)	donum ferentem (R)	audacia et specie Cleopatrae commotus (A)

a) Caesar militem ______________________ rogavit: „Quid hoc est?“

b) Caesar militibus ______________________ confidebat.

c) Caesar munus ______________________ aperuit et Cleopatram invenit.

d) Caesar ______________________ statim voluptate incensus est.

e) Caesar Cleopatrae ______________________ resistere non potuit.

f) Caesar Cleopatram ______________________ Romam duxit.

Summe Bonuspunkte

1. Ein letztes Mal

Mit der heutigen Vokabelübung hast du alle Vokabeln der Lektionen 11-20 wiederholt. Prima! Die Zahl in Klammern verrät dir, wie viele deutsche Bedeutungen du gelernt hast.

Tipp: Vergiss nicht, alte Vokabeln regelmäßig zu wiederholen. Am besten in immer größeren Abständen: nach einem Tag, nach einer Woche und ein drittes Mal dann nach einem Monat.

a) spatium (4) ____________________

b) vinculum (3) ____________________

c) mora (2) ____________________

d) ars (3) ____________________

e) antiquus (2) ____________________

f) auctor (3) ____________________

g) provincia (1) ____________________

h) historia (4) ____________________

i) incendium (2) ____________________

j) currus (1) ____________________

k) epistula (1) ____________________

l) immortalis (1) ____________________

m) consuetudo (1) ____________________

n) simulacrum (2) ____________________

o) barbarus (3) ____________________

p) religio (4) ____________________

q) supplicium (3) ____________________

r) vale! valete! (2) ____________________

2. Gesucht und gefunden

a) Markiere in der Liste oben Substantive der a-Deklination rot, o-Deklination maskulin blau, o-Deklination neutrum grün und Substantive der 3. Deklination gelb.

b) Gib zu den Substantiven der 3. Deklination den Genitiv an.

____

c) Finde in der Liste jeweils das Gegenstück zu folgenden Begriffen.

libertas ____________________ novus ____________________

salve! ____________________

d) Gib zu folgenden französischen Wörtern das lateinische Ursprungswort an. Die Liste oben kann dir dabei helfen.

la Provence ____________________ l'art ____________________

l'histoire ____________________ l'auteur ____________________

e) Blättere nochmal die letzten Lernstufen durch. Welche Vokabeln konntest du dir besonders schlecht merken? Notiere hier die zehn schwierigsten zusammen mit ihren deutschen Bedeutungen.

3. Pluralisator

Der Ablativus absolutus besteht aus einem Substantiv und einem Partizip im Ablativ. Bist du fit in den Formen? Teste dich, indem du in den Ablativ Singular und Plural umwandelst.

	Ablativ Singular	Ablativ Plural
a) vinculum solutum		
b) barbarus pugnans		
c) provincia capta		
d) incendium interficiens		
e) auctor cultus		

4. Römer und Germanen

Verbinde die Teile des Ablativus absolutus (fett gedruckt) und den Hauptsatz sinnvoll und übersetze mit passender Sinnrichtung.

1 **Romanis**	A **patriam defendentibus** impetus Romanorum prohiberi non potuit.
2 **Hostibus**	B **occupata** Romani nonnullos captivos Romam duxerunt.
3 **Germania**	C **hostes superantibus** pars Germaniae occupata est.
4 **Germanis**	D **in regionibus alienis gestis** pauci Romani domum redire voluerunt.
5 **Romanis**	E **a Romanis superatis** Romani cultum in has regiones portabant.
6 **Multis bellis**	F **Germanis cultum portantibus** Germani hostes e finibus suis pellere voluerunt.

5. Kleopatras Ende

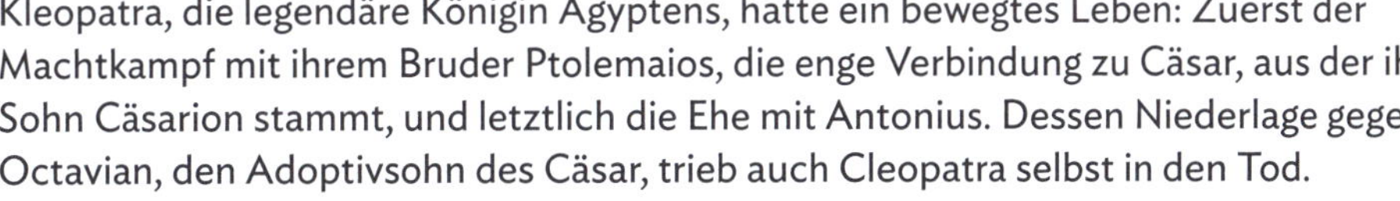

Kleopatra, die legendäre Königin Ägyptens, hatte ein bewegtes Leben: Zuerst der Machtkampf mit ihrem Bruder Ptolemaios, die enge Verbindung zu Cäsar, aus der ihr Sohn Cäsarion stammt, und letztlich die Ehe mit Antonius. Dessen Niederlage gegen Octavian, den Adoptivsohn des Cäsar, trieb auch Cleopatra selbst in den Tod.

1. Caesare interfecto Cleopatra cum filio Caesario in Aegyptum fugit. **2.** Paulo post Antonius et Octavianus, filius adoptivus[1] Caesaris, terra marique proelia acria inierunt. **3.** Antonio ab Octaviano victo Cleopatra fuga salutem petere debuit, quod tunc erat uxor Antonii. **4.** Cum timor Octaviani maximus fuisset, Cleopatra se serpente[2] a servo allato interfecit. **5.** Fine belli civilis facto Octavianus imperator factus est. **6.** Ei nomen „Augustus" dabatur et multos annos optimus princeps populi Romani rem publicam regebat. **7.** Historia nos docet Augustum tempus pacem et otium ferens condidisse. Cleopatra, cuius species et ingenium ingens erant, numquam e memoria nostra discedet.

a) Unterstreiche alle Ablativi absoluti blau.
b) Unterstreiche alle Genitive grün.
c) Kennst du dich in der Geschichte aus? Fertige eine Mindmap mit allen im Text vorkommenden Personen und ihrem Bezug zueinander an.

Summe Bonuspunkte

1 adoptīvus Adoptiv-
2 serpēns, entis *m/f* die Schlange

Nun zeigt sich, ob du ordentlich wiederholt hast und dich verbessern konntest. Bearbeite die Aufgaben und vergleiche deine Antworten mit den Lösungen im Lösungsheft. Dort siehst du auch, wie viele Punkte du für jede richtige Antwort erhältst. Zähle die Punkte, die du für deine richtigen Antworten erhalten hast, zusammen und ermittle danach mit der Bewertungstabelle am Ende des Abschlusstests, wie deine Leistung zu bewerten ist.

6 BE **1. Gib alle deutschen Bedeutungen an.**

Die Zahl in Klammern zeigt dir, wie viele deutsche Bedeutungen du gelernt hast.

a) censere (3) ____________ **d)** quare (2) ____________

b) paene (2) ____________ **e)** metuere (2) ____________

c) voluntas (3) ____________ **f)** honestus (2) ____________

6 BE **2. Bilde ...**

a) Gen. Sg. von res ____________ **d)** Dat. Pl. von pes ____________

b) Gen. Sg. von sol ____________ **e)** Nom. Pl. von ventus ____________

c) Dat. Sg. von casus ____________ **f)** Akk. Sg. von potentia ____________

3 BE **3. Bilde das Adjektiv bzw. das Pronomen passend zum Substantiv.**

a) dei ____________ (immortalis / 2x)

b) imperatori ____________ (dignus)

c) ____________ (hic) signa

4 BE **4. Gib die Stammformen folgender Verben an.**

a) adducere ____________ ____________ ____________

b) perferre ____________ ____________ ____________

c) interficere ____________ ____________ ____________

d) munire ____________ ____________ ____________

3 BE **5. Ordne gleiche Tempora einander zu.**

1 prodis	**2** confeceramus	**3** traxistis	**4** omittebam
a auctus eram	**b** aufferret	**c** conscripti sunt	**d** obtinetis

4 BE **6. Bestimme Person, Numerus, Tempus, Modus und Genus verbi.**

a) tulistis ______________________ **c)** proposuissem ______________________

b) recitabat ______________________ **d)** consriberentur ______________________

10 BE **7. Übersetze.**

a) Alexander scivit virum vincula currus solventem universae Asiae imperare.

____

____

b) Hoc oraculo audito Alexander id tantum appetivit, ut nodum[1] solveret.

____

____

c) Gladio sumpto Alexander uno ictu[2] vincula solvit, quod numquam dicebatur vincula manibus solvi debere.

____

____

____

1 nōdus der Knoten
2 ictus, ūs der Hieb

SUMME:

_______ BE

Auswertung

Punkte	32 - 36	27 - 31	22 - 26	17 - 21	9 - 16	0 - 8
Bewertung	Königsadler König der Lüfte	Steinadler Eroberer der Höhen	Brieftaube ... findet ihren Weg	Täubchen ... braucht noch ein paar Flugstunden	Rohrspatz viel Lärm um nichts	Gummiadler ... taugt eher als Braten

Bonuspunkte

				Seite
Vorwort				3
EINSTUFUNGSTEST				4 / 5
BLOCK 1	STUFE 1	Substantive, Adjektive & Pronomina	Substantive: u-, e- und 3. Deklination (Neutra; i-Stämme); Genitivus subiectivus und obiectivus	6 / 7
	STUFE 2		Adjektive der 3. Deklination Genitiv der Beschaffenheit und Ablativ der Beschaffenheit	8 / 9
	STUFE 3		Pronomina: hic und ille *510 – Die Könige müssen gehen*	10 / 11
BLOCK 2	STUFE 4	Verben	Futur I; Genitiv der Zugehörigkeit, Dativ des Zwecks und Dativ des Vorteils	12 / 13
	STUFE 5		Passiv (Präsens und Imperfekt)	14 / 15
	STUFE 6		Passiv (Perfekt und Plusquamperfekt)	16 / 17
	STUFE 7		Konjunktiv: Imperfekt und Plusquamperfekt (Aktiv und Passiv)	18 / 19
	STUFE 8		ferre und ire *Hochmut kommt vor dem Fall: Dädalus und Ikarus*	20 / 21
BLOCK 3	STUFE 9	Gliedsätze und satzwertige Konstruktionen	Relativsätze; Nebensätze mit ut, ne und cum	22 / 23
	STUFE 10		Pronomina im AcI	24 / 25
	STUFE 11		PPA, PPP, Participium coniunctum	26 / 27
	STUFE 12		Ablativus absolutus *Kleopatras Ende*	28 / 29
ABSCHLUSSTEST				30 / 31

Erreichbare Bonuspunkte

alle Übungen für Finken:
insg. 1400 Bonuspunkte

alle Übungen für Raben:
insg. 1000 Bonuspunkte

alle Übungen für Adler:
insg. 700 Bonuspunkte